5000 PALABRAS MÁS USADAS EN COREANO

¡Aprende Coreano en pocos días!

Gricelda Mendez B

Créditos

Derechos de autor 2024
Todos los derechos reservados.

Este documento está orientado a proporcionar información exacta y confiable respecto al tema en cuestión. La publicación es vendida con la idea de que el editor no está obligado a prestar servicios calificados, oficialmente permitidos o rendir cuentas de otra manera. Si algún asesoramiento es necesario, ya sea legal o profesional, debe ser ordenado a una persona con experiencia en la profesión.

De una Declaración de Principios la cual fue aceptada y aprobada igualmente por un Comité del Colegio de Abogados de los Estados Unidos y por un Comité de Editores y Asociaciones. De ninguna manera es legal reproducir, duplicar, o transmitir cualquier parte de este documento, ya sea por medios electrónicos

Tabla de Contenido

Números y palabras básicas..................7
En el hogar..................20
Familia y relaciones personales..................26
Escuela y trabajo..................33
Comida y bebida..................40
Compras y dinero..................45
Salud y cuerpo..................50
Transporte y viajes..................55
Naturaleza y clima..................59
Cultura coreana..................63
Sentimientos y emociones..................71
Verbos y adjetivos más comunes..................75
Tecnología y comunicación..................80
Deportes y actividades de ocio..................84
Emergencias y seguridad..................88
Animales y naturaleza urbana..................93

Introducción

El idioma coreano, con su rica historia y estructura única, se ha convertido en uno de los más fascinantes y buscados en el mundo. Ya sea que te apasione la cultura coreana, el K-pop, los K-dramas, su gastronomía o simplemente estés interesado en aprender un idioma nuevo, dominar el coreano puede abrirte puertas a experiencias culturales, profesionales y personales inolvidables.

Este libro, "Las 5000 palabras más usadas en coreano", ha sido diseñado como una herramienta práctica para ayudarte a construir un vocabulario robusto que te permitirá desenvolverte en diversas situaciones de la vida diaria. Desde palabras esenciales para el saludo y la presentación personal hasta términos relacionados con el trabajo, la tecnología y la cultura coreana, encontrarás aquí un repertorio completo para iniciarte en este apasionante idioma.

Hemos estructurado este libro en categorías claras y accesibles, lo que te permitirá aprender de manera organizada y enfocada según tus necesidades e intereses. Cada palabra está acompañada de su pronunciación en romanización y su traducción al español, para facilitar tu aprendizaje y permitirte practicar sin complicaciones.

¿Por qué aprender vocabulario? El vocabulario es el cimiento de cualquier idioma. Cuantas más palabras domines, mayor será tu capacidad para entender, expresarte y comunicarte con confianza. Este libro no solo busca enseñarte palabras, sino también motivarte a integrarlas en tu vida cotidiana, ya sea escribiendo frases, practicando diálogos o conectando con hablantes nativos.

El aprendizaje de un idioma es un viaje, no un destino. Tómate tu tiempo, disfruta el proceso y celebra cada logro, por pequeño que parezca. Con perseverancia y práctica constante, verás cómo este conocimiento te acerca a tus metas y a una conexión más profunda con Corea y su cultura.

감사합니다 (Gamsahamnida)
¡Gracias y que disfrutes el aprendizaje!

Números Coreanos del 1 al 100

Coreano	Pronunciación	Español
하나	hana	Uno
둘	dul	Dos
셋	set	Tres
넷	net	Cuatro
다섯	daseot	Cinco
여섯	yeoseot	Seis
일곱	ilgop	Siete
여덟	yeodeol	Ocho
아홉	ahop	Nueve
열	yeol	Diez
열하나	yeol-hana	Once
열둘	yeol-dul	Doce
열셋	yeol-set	Trece
열넷	yeol-net	Catorce
열다섯	yeol-daseot	Quince
열여섯	yeol-yeoseot	Dieciséis
열일곱	yeol-ilgop	Diecisiete
열여덟	yeol-yeodeol	Dieciocho
열아홉	yeol-ahop	Diecinueve
스물	seumul	Veinte
스물하나	seumul-hana	Veintiuno
스물둘	seumul-dul	Veintidós
스물셋	seumul-set	Veintitrés

스물넷	seumul-net	Veinticuatro
스물다섯	seumul-daseot	Veinticinco
스물여섯	seumul-yeoseot	Veintiséis
스물일곱	seumul-ilgop	Veintisiete
스물여덟	seumul-yeodeol	Veintiocho
스물아홉	seumul-ahop	Veintinueve

Saludos y frases básicas en coreano

안녕하세요 – annyeonghaseyo – Hola / Buenos días / Buenas tardes.

안녕 – annyeong – Hola (informal) / Adiós.

감사합니다 – gamsahamnida – Gracias (formal).

고맙습니다 – gomapseumnida – Gracias (formal, pero menos formal que "gamsahamnida").

미안합니다 – mianhamnida – Lo siento (formal).

죄송합니다 – joesonghamnida – Perdón / Disculpe (muy formal).

괜찮습니다 – gwaenchanseumnida – Está bien / No hay problema (formal).

안녕히 가세요 – annyeonghi gaseyo – Adiós (a alguien que se va).

안녕히 계세요 – annyeonghi gyeseyo – Adiós (a alguien que se queda).

잘 자요 - jal jayo - Buenas noches (formal).

좋은 아침이에요 - joeun achimieyo - Buenos días.

만나서 반갑습니다 - mannaseo bangapseumnida - Mucho gusto (formal).

이름이 뭐예요? - ireumi mwoyeyo? - ¿Cómo te llamas?

제 이름은 (이름)입니다 - je ireumeun (ireum) imnida - Mi nombre es (nombre).

어디에서 오셨어요? - eodieseo osyeosseoyo? - ¿De dónde eres?

저는 (나라)에서 왔어요 - jeoneun (nara) eseo wasseoyo - Soy de (país).

한국말 잘 못해요 - hangungmal jal mothaeyo - No hablo bien coreano.

천천히 말씀해 주세요 - cheoncheonhi malsseumhae juseyo - Por favor, hable despacio.

알겠어요 - algesseoyo - Entendido.

모르겠어요 – moreugesseoyo – No entiendo.

네 – ne – Sí.

아니요 – aniyo – No.

물 주세요 – mul juseyo – Por favor, deme agua.

도와주세요 – dowajuseyo – Ayúdeme, por favor.

얼마예요? – eolmayeyo? – ¿Cuánto cuesta?

화장실 어디예요? – hwajangsil eodiyeyo? – ¿Dónde está el baño?

실례합니다 – sillyehamnida – Disculpe (para llamar la atención).

잘 지내요? – jal jinaeyo? – ¿Cómo estás?

잘 지내요 – jal jinaeyo – Estoy bien.

배고파요 – baegopayo – Tengo hambre.

목말라요 – mokmallayo – Tengo sed.

얼마나 걸려요? – eolmana geollyeoyo? –

¿Cuánto tiempo tomará?

좋아요 – joayo – Me gusta. / Está bien.

싫어요 – sileoyo – No me gusta.

사랑해요 – saranghaeyo – Te amo (formal).

보고 싶어요 – bogo sipeoyo – Te extraño.

행운을 빌어요 – haenguneul bileoyo – Buena suerte.

건배! – geonbae! – ¡Salud! (al brindar).

조심하세요 – josimhaseyo – Tenga cuidado.

행복하세요 – haengbokhaseyo – Sea feliz.

Expresiones comunes.

괜찮아요 – gwaenchanayo – Está bien / No pasa nada.

정말요? – jeongmallyo? – ¿De verdad?

진짜요? – jinjjayo? – ¿En serio?

맞아요 – majayo – Es cierto.
몰라요 – mollayo – No lo sé.

잘했어요 – jalhaesseoyo – ¡Buen trabajo!

힘내세요 – himnaeseyo – Ánimo.

천천히요 – cheoncheonhiyo – Despacio, por favor.

빨리요 – ppalliyo – Rápido, por favor.

조용히 하세요 – joyonghi haseyo – Silencio, por favor.

Expresiones para el día a día

괜찮아요 – gwaenchanayo – Está bien / No se preocupe.

알았어요 – arasseoyo – Entendido. / Está bien.

정신 차리세요 – jeongsin chariseyo – ¡Concéntrate! / ¡Despierta!

잘 모르겠어요 – jal moreugesseoyo – No estoy seguro.

지금 몇 시예요? – jigeum myeot siyeyo? – ¿Qué hora es ahora?

잠깐만요 – jamkkanmanyo – Un momento, por favor.

이해가 안 돼요 – ihaega an dwaeyo – No entiendo.

알겠어요 – algesseoyo – Entendido.

괜찮으세요? – gwaenchanhaseyo? – ¿Está bien?

Reacciones y respuestas

정말 감사합니다 – jeongmal gamsahamnida – Muchísimas gracias.

별말씀을요 – byeolmalsseumeullyo – De nada.

믿을 수 없어요 – mideul su eobseoyo – No lo puedo creer.

잘 모르겠어요 – jal moreugesseoyo – No estoy

seguro.

어떡해요? – eotteokhaeyo? – ¿Qué hacemos?

저도 몰라요 – jeodo mollayo – Yo tampoco lo sé.

좋아요 – joayo – Me gusta. / Suena bien.

싫어요 – sireoyo – No quiero / No me gusta.

수고하세요 – sugohaseyo – ¡Buen trabajo! / Cuídese.

Días de la semana

월요일 – woryoil – Lunes

화요일 – hwayoil – Martes

수요일 – suyoil – Miércoles

목요일 – mogyoil – Jueves

금요일 – geumyoil – Viernes

토요일 – toyoil – Sábado

일요일 – iryoil – Domingo

Meses del año

1월 – ilwol – Enero

2월 – iwol – Febrero

3월 – samwol – Marzo

4월 – sawol – Abril

5월 – owol – Mayo

6월 – yuwol – Junio

7월 – chirwol – Julio

8월 – parwol – Agosto

9월 – guwol – Septiembre

10월 – siwol – Octubre

11월 – sibirwol – Noviembre

12월 – sibiwol – Diciembre

Horarios y rutinas diarias en coreano

Horarios básicos

지금 몇 시예요? – jigeum myeot siyeyo? – ¿Qué hora es ahora?

오전 – ojeon – Mañana (AM).

오후 – ohu – Tarde (PM).

정오 – jeong-o – Mediodía.

자정 – jajeong – Medianoche.

일찍 – iljjik – Temprano.

늦게 – neutge – Tarde.

몇 시에 일어나요? – myeot si-e ireonayo? – ¿A qué hora te levantas?

몇 시에 자요? – myeot si-e jayo? – ¿A qué hora te acuestas?

몇 시에 먹어요? – myeot si-e meogeoyo? – ¿A qué hora comes?

Rutinas diarias

아침에 일어나요 – achime ireonayo – Me levanto por la mañana.

세수해요 – sesuhaeyo – Me lavo la cara.

이를 닦아요 – ireul dakkayo – Me cepillo los dientes.

아침을 먹어요 – achimeul meogeoyo – Desayuno.

학교에 가요 – hakgyoe gayo – Voy a la escuela.

일하러 가요 – ilharo gayo – Voy al trabajo.

점심을 먹어요 – jeomsimeul meogeoyo – Almuerzo.

운동해요 – undonghaeyo – Hago ejercicio.

집에 돌아와요 – jibe dorawayo – Regreso a casa.

저녁을 먹어요 – jeonyeogeul meogeoyo – Ceno.

텔레비전을 봐요 – tellebijeoneul bwayo – Veo televisión.

책을 읽어요 – chaegeul ilgeoyo – Leo un libro.

샤워해요 – syawohaeyo – Me ducho.

잠을 자요 – jameul jayo – Duermo.

Frases útiles para la rutina

몇 시에 끝나요? – myeot si-e kkeutnayo? – ¿A qué hora termina?

아침 몇 시에 일어나요? – achim myeot si-e ireonayo? – ¿A qué hora te levantas por la mañana?

시간이 있어요? – sigani isseoyo? – ¿Tienes tiempo?

오늘 스케줄이 어떻게 돼요? – oneul seukejuri eotteoke dwaeyo? – ¿Cómo está tu horario hoy?

바빠요 – bappayo – Estoy ocupado/a.

한가해요 – hangahaeyo – Estoy libre.

En el hogar

집 – jip – Casa.

방 – bang – Habitación.

침실 – chimsil – Dormitorio.

거실 – geosil – Sala de estar.

부엌 / 주방 – bueok / jubang – Cocina.

화장실 – hwajangsil – Baño.

식당 – sikdang – Comedor.

서재 – seojae – Estudio (sala de trabajo).

베란다 – beranda – Balcón.

창고 – changgo – Almacén / Bodega.

차고 – chago – Garaje.

En el dormitorio

침대 – chimdae – Cama.

베개 – begae – Almohada.

이불 – ibul – Cobija / Edredón.

옷장 – otjang – Armario.

탁자 – takja – Mesita de noche.

전등 – jeondeung – Lámpara.

거울 – geoul – Espejo.

En la sala

소파 – sopa – Sofá.

의지 – uija – Silla.

테이블 – teibeul – Mesa.

카펫 – kapet – Alfombra.

텔레비전 – tellebijeon – Televisión.

책장 – chaekjang – Librero.

En la cocina

냉장고 – naengjanggo – Refrigerador.

전자레인지 – jeonjaraeinji – Microondas.

가스레인지 – gaseuraeinji – Estufa.

싱크대 – singkeudae – Fregadero.

주전자 – jujeonja – Tetera.

식탁 – siktag – Mesa de comedor.

En el baño

변기 – byeongi – Inodoro.

세면대 – semyeondae – Lavabo.

샤워기 – syawogi – Regadera.

수건 – sugeon – Toalla.

비누 – binu – Jabón.

칫솔 – chitsol – Cepillo de dientes.

치약 – chiyak – Pasta de dientes.

Tareas domésticas y actividades comunes.

Tareas domésticas

청소하다 – cheongsohada – Limpiar.

빨래하다 – ppallaehada – Lavar la ropa.

설거지하다 – seolgeojihada – Lavar los platos.

요리하다 – yorihada – Cocinar.

쓰레기를 버리다 – sseuregireul beorida – Sacar la basura.

정리하다 – jeongrihada – Organizar / Ordenar.

바닥을 쓸다 – badageul sseulda – Barrer el piso.

바닥을 닦다 – badageul dakda – Trapear el piso.

창문을 닦다 – changmuneul dakda – Limpiar las ventanas.

잔디를 깎다 – jandireul kakkda – Cortar el césped.

식물을 물 주다 – singmureul mul juda – Regar las plantas.

개를 산책시키다 – gaereul sanchaeksikida – Sacar a pasear al perro.

Actividades comunes

책을 읽다 – chaekeul ikda – Leer un libro.

영화를 보다 – yeonghwareul boda – Ver una película.

음악을 듣다 – eumageul deutda – Escuchar música.

운동하다 – undonghada – Hacer ejercicio.

산책하다 – sanchaekhada – Pasear.

게임하다 – geimhada – Jugar videojuegos.

텔레비전을 보다 – tellebijeoneul boda – Ver televisión.

요가를 하다 - yogareul hada - Hacer yoga.

사진을 찍다 - sajineul jjikda - Tomar fotos.

요리를 배우다 - yorireul baeuda - Aprender a cocinar.

낮잠을 자다 - najjameul jada - Tomar una siesta.

인터넷을 하다 - inteoneteul hada - Navegar por internet.

Frases relacionadas con tareas y actividades

청소를 도와줄 수 있어요? - cheongsoreul dowajul su isseoyo? - ¿Puedes ayudarme a limpiar?

빨래 끝났어요? - ppallae kkeutnasseoyo? - ¿Terminaste de lavar la ropa?

오늘 뭐 할 거예요? - oneul mwo hal geoyeyo? - ¿Qué harás hoy?

시간 있으면 도와주세요. - sigan isseumyeon dowajuseyo. - Si tienes tiempo, ayúdame.

음악을 들으면서 청소해요. - eumageul

deureumyeonseo cheongsohaeyo. – Limpio mientras escucho música.

강아지를 산책시키고 올게요. – gangajireul sanchaeksikigo olgeyo. – Saldré a pasear al perro y volveré.

운동 후에 요리할 거예요. – undong hue yorihal geoyeyo. – Cocinaré después de hacer ejercicio.

Familia y relaciones personales

Miembros de la familia

가족 – gajok – Familia.

아버지 / 아빠 – abeoji / appa – Padre / Papá.

어머니 / 엄마 – eomeoni / eomma – Madre / Mamá.

부모님 – bumonim – Padres.

형제 – hyeongje – Hermanos (en general).

형 – hyeong – Hermano mayor (de un hombre).

오빠 – oppa – Hermano mayor (de una mujer).

남동생 – namdongsaeng – Hermano menor.

누나 – nuna – Hermana mayor (de un hombre).

언니 – eonni – Hermana mayor (de una mujer).

여동생 – yeodongsaeng – Hermana menor.

할아버지 – harabeoji – Abuelo.

할머니 – halmeoni – Abuela.

손자 / 손녀 – sonja / sonnyeo – Nieto / Nieta.

삼촌 – samchon – Tío.

이모 / 고모 – imo / gomo – Tía (por parte de madre / padre).

사촌 – sachon – Primo/a.

Relaciones personales

친구 – chingu – Amigo/a.

베프 – bepeu – Mejor amigo/a (informal).

동료 – dongnyo – Compañero/a (de trabajo o escuela).

연인 – yeonin – Pareja (romántica).

남자친구 – namjachingu – Novio.

여자친구 – yeojachingu – Novia.

약혼자 – yakhonja – Prometido/a.

남편 – nampyeon – Esposo.

아내 – anae – Esposa.

이웃 – iot – Vecino/a.

Frases comunes sobre familia y relaciones

가족이 몇 명이에요? – gajogi myeot myeong-ieyo? – ¿Cuántas personas hay en tu familia?

형제가 있어요? – hyeongjega isseoyo? –

¿Tienes hermanos?

이 사람은 누구예요? – i sarameun nugu-yeyo? – ¿Quién es esta persona?

부모님은 잘 지내세요? – bumonimeun jal jinaeseyo? – ¿Tus padres están bien?

남자친구가 있어요? – namjachinguga isseoyo? – ¿Tienes novio?

제 친구를 소개할게요. – je chingureul sogaehalkkeyo. – Te presentaré a mi amigo/a.

가족과 시간을 보내요. – gajokgwa siganeul bonaeyo. – Paso tiempo con mi familia.

이웃과 친하게 지내요. – iutgwa chinhage jinaeyo. – Me llevo bien con mi vecino/a.

Relaciones y sentimientos.

사랑 – salang – Amor.
친밀감 – chinmilgam – Cercanía / Intimidad.
우정 – ujeong – Amistad.
애정 – aejeong – Cariño.
결혼 – gyeolhon – Matrimonio.
이혼 – ihon – Divorcio.

연애 – yeonae – Romance.

약속 – yaksok – Promesa.

사귀다 – sagwida – Salir con alguien / Ser novios.

헤어지다 – heeojida – Romper / Separarse.

화해하다 – hwahaehada – Reconciliarse.

결혼하다 – gyeolhonhada – Casarse.

사랑에 빠지다 – salange ppajida – Enamorarse.

질투하다 – jiltuhada – Sentir celos.

존경하다 – jon-gyeonghada – Respetar.

Sentimientos

행복하다 – haengbokhada – Estar feliz.

슬프다 – seulpeuda – Estar triste.

기쁘다 – gippeuda – Estar contento.

화나다 – hwanada – Estar enojado.

놀라다 – nollada – Estar sorprendido.

지루하다 – jiruhada – Estar aburrido.

걱정하다 – geokjeonghada – Estar preocupado.

부끄럽다 – bukkeureopda – Estar avergonzado.

신나다 – sinnada – Estar emocionado / Entusiasmado.

고맙다 – gomapda – Estar agradecido.

외롭다 – woeropda – Estar solo/a.

자랑스럽다 – jarangseureopda – Estar orgulloso/a.

외롭다 – woeropda – Sentir soledad.

불안하다 – bulanhada – Sentir ansiedad / Inquietud.

희망하다 – huimanghada – Tener esperanza.

Frases comunes sobre relaciones y sentimientos

사랑해요. – salanghaeyo. – Te quiero.

나는 당신을 사랑해요. – naneun dangsineul salanghaeyo. – Te amo.

나는 당신을 좋아해요. – naneun dangsineul joahaeyo. – Me gustas.

우리는 친구예요. – urineun chingu-yeyo. – Somos amigos.

그가 나를 사랑하지 않아요. – geuga nareul salanghaji anhayo. – Él no me ama.

나는 너무 슬퍼요. – naneun neomu seulpeoyo. – Estoy muy triste.

너무 기뻐요! – neomu gippeoyo! – ¡Estoy muy feliz!

그녀는 나를 화나게 했어요. – geunyeoneun nareul hwanage haesseoyo. – Ella me hizo enojar.

나는 걱정돼요. – naneun geokjeongdwaeyo. –

Estoy preocupado/a.

나는 혼자예요. – naneun honjayeoyo. – Estoy solo/a.

너무 자랑스러워요. – neomu jarangseureowoyo. – Estoy muy orgulloso/a.

그녀는 정말 외로워요. – geunyeoneun jeongmal woerowoyo. – Ella está realmente sola.

그 사람을 존경해요. – geu sarameul jonggyeonghaeyo. – Respeto a esa persona.

난 그에게 질투해요. – nan geuege jiltuhaeyo. – Tengo celos de él/ella.

Escuela y trabajo

Términos escolares (asignaturas, útiles, roles)

Asignaturas

수학 – suhak – Matemáticas.

과학 – gwahak – Ciencia.

영어 – yeongeo – Inglés.

한국어 – hangugo – Coreano.

역사 – yeoksa – Historia.

사회 – sahoe – Estudios sociales.

미술 – misul – Arte.

체육 – cheyuk – Educación física.

음악 – eumak – Música.

컴퓨터 – keompyuteo – Informática.

화학 – hwahak – Química.

생물학 – saengmulhak – Biología.

지리학 – jirihak – Geografía.

문학 – munhak – Literatura.

심리학 – simrihak – Psicología.

Útiles escolares

책 – chaek – Libro.
연필 – yeonpil – Lápiz.

펜 – pen – Bolígrafo.

지우개 – jiugae – Goma de borrar.

공책 – gongchaek – Cuaderno.

가방 – gabang – Mochila.

파일 – pail – Carpeta.

자 – ja – Regla.

일기장 – ilgijang – Diario.

스테이플러 – seuteipeulleo   Engrapadora.

하이라이터 – hairaiteo – Marcador.

연필깎이 – yeonpilkkakki – Sacapuntas.

시계 – sigye – Reloj (de pared o de escritorio).

Roles y personas en la escuela

선생님 – seonsaengnim – Profesor/a.

학생 – haksaeng – Estudiante.

교장선생님 – gyojangseonsaengnim – Director/a.

교감선생님 – gyogamseonsaengnim – Subdirector/a.

교사 – gyosa – Maestro/a.

친구 – chingu – Amigo/a.

학부모 – hakbumo – Padre/madre de estudiante.

과외 선생님 – gwaoe seonsaengnim – Tutor.

청소부 – cheongsobu – Personal de limpieza.

보안요원 – boan yowon – Guardia de seguridad.

Palabras relacionadas con el trabajo (profesiones, herramientas, jerga)

Profesiones

의사 – isa – Médico/a.
변호사 – byeonhosa – Abogado/a.

교사 – gyosa – Profesor/a.

엔지니어 – enjinieo – Ingeniero/a.

간호사 – ganhosa – Enfermero/a.

회계사 – hoegyesa – Contador/a.

디자이너 – dijaineo – Diseñador/a.

프로그래머 – peurogeuraemeo – Programador/a.

요리사 – yorisa – Chef.

작가 – jakga – Escritor/a.

운전사 – unjeonsa – Chofer.

직원 – jigwon – Empleado/a.

사업가 – saeopga – Empresario/a.

경찰관 – gyeongchalgwan – Policía.

소방관 – sobanggwan – Bombero/a.

건축가 – geonchukga – Arquitecto/a

Herramientas y equipos de trabajo

컴퓨터 – keompyuteo – Computadora.

전화기 – jeonhwagi – Teléfono.

노트북 – noteubuk – Laptop.

프린터 – peurinteo – Impresora.

스캐너 – seukaeneo – Escáner.

작업대 – jageopdae – Mesa de trabajo.

회의실 – hoerisil – Sala de reuniones.

파일 캐비닛 – pail kaebinit – Archivador.

보드 – bodeu – Pizarra.

워크스테이션 – wokeuseuteisyeon – Estación de trabajo.

드라이버 – deuraibeo – Destornillador.

망치 – mangchi – Martillo.

Jerga de trabajo

업무 – eobmu – Trabajo / Tarea.

회의 – hoeui – Reunión.

프로젝트 – peurojekteu – Proyecto.

기한 – gihan – Plazo.

퇴근 – toegeun – Salir del trabajo.

출근 – chulgeun – Llegar al trabajo.

휴식 – hyusik – Descanso.

직장 – jikjang – Lugar de trabajo.

업무량 – eobmuryang – Carga de trabajo.

상사 – sangsa – Jefe/a.

팀워크 – timwokeu – Trabajo en equipo.

자유 시간 – jayu sigan – Tiempo libre.

Comida y bebida

Ingredientes básicos

쌀 – ssal – Arroz.

소금 – sogeum – Sal.

설탕 – seoltang – Azúcar.

간장 – ganjang – Salsa de soja.

마늘 – maneul – Ajo.

양파 – yangpa – Cebolla.

고추 – gochu – Chile.

생강 – saenggang – Jengibre.

참기름 – chamgireum – Aceite de sésamo.

고기 – gogi – Carne.

콩 – kong – Frijol.

계란 – gyeran – Huevo.

배추 – baechu – Col china.

김치 – kimchi – Col fermentada (un plato tradicional coreano).

미소 – miso – Pasta de soja fermentada.

된장 – doenjang – Pasta de soja fermentada (similar al miso).

참깨 – chamkkae – Sésamo.

아몬드 – amondeu – Almendra.

Platos típicos coreanos

비빔밥 – bibimbap – Arroz con vegetales, huevo frito y pasta de chile (gochujang).

김치찌개 – kimchijjigae – Guiso de kimchi.

불고기 – bulgogi – Carne de res marinada y asada.
갈비 – galbi – Costillas a la parrilla.

떡볶이 – tteokbokki – Pasteles de arroz con salsa picante.

잡채 – japchae – Fideos de batata con vegetales y carne.

삼겹살 – samgyeopsal – Panceta de cerdo a la parrilla.

순두부찌개 – sundubu jjigae – Guiso de tofu suave.

김밥 – gimbap – Rollos de arroz con nori y diversos rellenos.

김치전 – kimchijeon – Tortilla de kimchi.

된장찌개 – doenjang jjigae – Guiso con pasta de soja.

라면 – ramyeon – Fideos instantáneos.

냉면 – naengmyeon – Fideos fríos en caldo o con salsa.

호떡 – hotteok – Panecillo relleno de azúcar, nuez y canela, frito.

만두 – mandu – Dumplings (empanadillas coreanas).

Bebidas comunes

소주 – soju – Licor tradicional coreano.

막걸리 – makgeolli – Vino de arroz fermentado.

유자차 – yujacha – Té de citron (yuzu).

녹차 – nokcha – Té verde.

홍차 – hongcha – Té negro.

식혜 – sikhye – Bebida dulce de arroz fermentado.

물 – mul – Agua.

커피 – keopi – Café.

주스 – juseu – Jugo.

탄산음료 – tansan eumnyo – Bebida carbonatada.

쥬스 – juseu – Zumo (jugos naturales).

차 – cha – Té.

Postres

떡 – tteok – Pastel de arroz (hay muchos tipos).

빙수 – bingsu – Postre de hielo raspado con leche condensada, frutas, y a veces con red bean.

호두과자 – hodugwaja – Pasteles rellenos de nuez.

계란빵 – gyeranppang – Panecillo de huevo.

약과 – yakgwa – Dulce frito coreano a base de miel y aceite de sésamo.

한과 – hangwa – Dulces tradicionales coreanos (generalmente hechos de arroz o frijoles).

아이스크림 – aiseukeurim – Helado.

파이 – pai – Pastel (generalmente de frutas o crema).

푸딩 – puding – Pudín.

식혜 – sikhye – Bebida dulce de arroz (también se sirve como postre).

Compras y dinero

Palabras para tiendas y mercados

가게 – gage – Tienda.

상점 – sangjeom – Tienda (más formal).

슈퍼마켓 – syupeomaket – Supermercado.

백화점 – baekhwajeom – Centro comercial.

시장 – sijang – Mercado.

전통시장 – jeontong sijang – Mercado tradicional.

온라인 쇼핑몰 – onrain syopingmol – Tienda en línea.

편의점 – pyeonuijeom – Tienda de conveniencia.

마트 – mateu – Hipermercado.

문구점 – mungujeom – Papelería.

서점 – seojeom – Librería.

의류매장 – uirumaejang – Tienda de ropa.

식료품점 – sigryopumjeom – Tienda de alimentos.

전자상가 – jeonjasangga – Tienda de electrónica.

할인매장 – harinmaejang – Tienda de descuentos.

Tipos de productos y precios

상품 – sangpum – Producto.

물건 – mulgeon – Artículo, cosa.

의류 – uiryu – Ropa.

전자제품 – jeonjajeopum – Electrónica.

음식 – eumsik – Comida.

음료수 – eumryosu – Bebida.

책 – chaek – Libro.

가전제품 – gajeonjeopum – Aparatos eléctricos.

화장품 – hwajangpum – Cosméticos.

가구 – gagu – Mobiliario.

장난감 – jangnangam – Juguete.

자동차 – jadongcha – Automóvil.

비누 – binu – Jabón.

침대 – chimdae – Cama.

신발 – sinbal – Zapatos.

가방 – gabang – Bolsa, mochila.

가격 – gagyeok – Precio.

할인 – harin – Descuento.

세일 – seil – Venta.

무료 – muryo – Gratis.
비용 – biyong – Costo, gasto.

세금 – segeum – Impuestos.

배송비 – baesongbi – Costo de envío.

환불 – hwanbul – Reembolso.

청구서 – cheongguseo – Factura.

결제 – gyeoljae – Pago.

카드 – kadeu – Tarjeta (de crédito/débito).

현금 – hyeongeum – Efectivo.

할부 – halbu – Pago a plazos.

가격표 – gagyeokpyo – Etiqueta de precio.

Expresiones relacionadas con el dinero

얼마에요? – eolmaeyo? – ¿Cuánto cuesta?

이것은 얼마입니까? – igeoseun eolmaimnikka? – ¿Cuánto es esto?

비싸요. – bissayo – Es caro.

싸요. – ssayo – Es barato.

할인 있어요? – harin isseoyo? – ¿Hay descuento?

카드로 계산할게요. – kadeuro gyesanhalgeyo – Voy a pagar con tarjeta.

현금으로 계산할게요. – hyeongeumeuro gyesanhalgeyo – Voy a pagar en efectivo.

돈이 부족해요. – doni bujokhaeyo – No tengo suficiente dinero.

돈을 빌릴 수 있나요? – doneul billil su innayo? – ¿Puedo pedir prestado dinero?

이거 사세요. – igeo saseyo – Compre esto.

저렴한 가격이에요. – jeoryeomhan gagyeogieyo – Es un precio económico.

돈을 내야 해요. – doneul naeya haeyo – Tengo que pagar.

환불받고 싶어요. – hwanbulbatgo sipeoyo – Quiero un reembolso.

할부로 결제할게요. – halburo gyeoljaehalgeyo

– Pagaré en plazos.

영수증 주세요. – yeongsujeung juseyo – Por favor, deme el recibo.

Salud y cuerpo

Partes del cuerpo

머리 – meori – Cabeza.

눈 – nun – Ojo.

귀 – gwi – Oído.

코 – ko – Nariz.

입 – ip – Boca.

이 – i – Diente.

목 – mok – Cuello.

어깨 – eokkae – Hombro.

팔 – pal – Brazo.

손 – son – Mano.

배 – bae – Estómago, barriga.

다리 – dari – Pierna.

발 – bal – Pie.

가슴 – gaseum – Pecho.

허리 – heori – Cintura.

등 – deung – Espalda.

손목 – sonmok – Muñeca.

무릎 – mureup – Rodilla.

발목 – balmok – Tobillo.

턱 – teok – Barbilla.

배꼽 – baekkop – Ombligo.

피부 – pibu – Piel.

심장 – simjang – Corazón.

뇌 – noe – Cerebro.

폐 – pye – Pulmones.

Enfermedades y síntomas

감기 – gamgi – Resfriado.

독감 – dokgam – Gripe.

두통 – dutong – Dolor de cabeza.

배탈 – baetal – Dolor de estómago.

기침 – gichim – Tos.

발열 – balyeol – Fiebre.

구토 – guto – Vómito.

설사 – seolsa – Diarrea.

몸살 – momsal – Dolor corporal.

근육통 – geunyuktong – Dolor muscular.

복통 – boktong – Dolor abdominal.

알레르기 – allereugi – Alergia.

피로 – piro – Fatiga.

어지러움 – eojireoum – Mareo.

호흡곤란 – hoheupgonran – Dificultad para respirar.

불면증 – bulmyeonjeung – Insomnio.

심장마비 – simjangmabi – Paro cardíaco.

당뇨병 – dangnyobyeong – Diabetes.

고혈압 – goyeolap – Hipertensión.

천식 – cheonsik – Asma.

Medicina y tratamientos

약 – yak – Medicina.

처방전 – cheobangjeon – Receta médica.

병원 – byeongwon – Hospital.

약국 – yakguk – Farmacia.

주사 – jusa – Inyección.

수술 – susul – Cirugía.

물리치료 – mullichiryo – Fisioterapia.

진단 – jindan – Diagnóstico.

검사 – geomsa – Examen médico.

혈액검사 – hyeoraeg geomsa – Análisis de sangre.

연고 – yeongo – Ungüento.

비타민 – bitamin – Vitamina.

타이레놀 – taireunol – Paracetamol (Tylenol).

진통제 – jintongje – Analgésico.

소화제 – sohwaje – Antiinflamatorio.

항생제 – hangsaengje – Antibiótico.

기침약 – gichimyak – Medicina para la tos.

소염제 – soyeomje – Antiinflamatorio.

치료 – chiryo – Tratamiento.

건강 – geongang – Salud.

Transporte y viajes

Medios de transporte

버스 – beoseu – Autobús.

지하철 – jihacheol – Metro.

기차 – gicha – Tren.

택시 – taeksi – Taxi.

버스 정류장 – beoseu jeongryujang – Parada de autobús.

기차역 – gichayeok – Estación de tren.

자동차 – jadongcha – Automóvil.

자전거 – jajeongeo – Bicicleta.

비행기 – bihaenggi – Avión.

선박 – seonbak – Barco.

헬리콥터 – hellikopteo – Helicóptero.

스쿠터 – seukuteo – Scooter.

오토바이 – otobai – Moto.

고속버스 – gosokbeoseu – Autobús rápido.

소형차 – sohyeongcha – Coche pequeño.

Palabras para aeropuertos, estaciones y carreteras

공항 – gonghang – Aeropuerto.

탑승구 – tapseunggu – Puerta de embarque.

체크인 – chekeuin – Check-in.

출국 – chulguk – Salida (internacional).

입국 – ipguk – Llegada (internacional).

보안 검색 – boan geomsaek – Control de seguridad.

승강장 – seunggangjang – Andén (en estación).

기차역 – gichayeok – Estación de tren.

버스 정류장 – beoseu jeongryujang – Parada de autobús.

주차장 – juchajang – Estacionamiento.

도로 – doro – Carretera.

고속도로 – gosokdoro – Autopista.

통행료 – tonghaengnyo – Peaje.

교차로 – gyocharo – Cruce.

우회전 – uhwaejeon – Giro a la derecha.

좌회전 – jwahaejeon – Giro a la izquierda.

Frases útiles para turistas

여기 어디에요? – yeogi eodieyo? – ¿Dónde está aquí?

이쪽으로 가세요. – ijjogeuro gaseyo – Vaya por aquí.

가까운 역은 어디에요? – gakkaun yeogeun eodieyo? – ¿Dónde está la estación más cercana?

호텔이 어디에요? – hoteli eodieyo? – ¿Dónde está el hotel?

화장실 어디 있어요? – hwajangsil eodi isseoyo? – ¿Dónde está el baño?

이 길을 따라가세요. – i gireul ttaragaseyo – Siga esta calle.

택시를 타고 싶어요. – taeksireul tago sipeoyo – Quiero tomar un taxi.

비행기 출발 시간은 언제에요? – bihaenggi chulbal siganeun eonjeeyo? – ¿A qué hora sale el vuelo?

기차 시간표가 필요해요. – gicha siganpyoga piryohaeyo – Necesito el horario del tren.

이 버스를 타면 어디로 가요? – i beoseureul tameon eodiro gayo? – ¿A dónde va este autobús?

이 버스는 어디에 가요? – i beoseuneun eodie gayo? – ¿Este autobús va a dónde?

여기서 내려 주세요. – yeogiseo naeryeo juseyo – Por favor, bájese aquí.

가장 가까운 병원은 어디에요? – gajang gakkaun byeongwoneun eodieyo? – ¿Dónde está el hospital más cercano?

저는 관광객이에요. – jeoneun gwangwang-gaeg-ieyo – Soy un turista.

Naturaleza y clima

Estaciones del año

봄 – bom – Primavera.

여름 – yeoreum – Verano.

가을 – gaeul – Otoño.

겨울 – gyeoul – Invierno.
Clima y fenómenos naturales

날씨 – nalssi – Clima.

맑음 – malgeum – Soleado.

흐림 – heurim – Nublado.

비 – bi – Lluvia.

눈 – nun – Nieve.

바람 – baram – Viento.

천둥 – cheondung – Trueno.

번개 – beongae – Relámpago.

안개 – angae – Niebla.

더위 – deowi – Calor.

추위 – chuwi – Frío.

폭풍 – pokpung – Tormenta.

홍수 – hongsu – Inundación.

지진 – jijin – Terremoto.

태풍 – taepung – Tifón.

허리케인 – heorikein – Huracán.

번개 – beongae – Relámpago.

상기 – sanggi – Deshielo.

Animales y plantas

동물 – dongmul – Animal.

사람 – saram – Persona.

개 – gae – Perro.

고양이 – goyangi – Gato.

새 – sae – Pájaro.

말 – mal – Caballo.

소 – so – Vaca.

양 – yang – Oveja.

호랑이 – horangi – Tigre.

곰 – gom – Oso.

고래 – gorae – Ballena.

물고기 – mulgogi – Pez.

사슴 – saseum – Ciervo.

여우 – yeou – Zorro.

토끼 – tokki – Conejo.

장미 – jangmi – Rosa.

나무 – namu – Árbol.

꽃 – kkot – Flor.

풀 – pul – Hierba.

덩굴 – deonggul – Enredadera.

버섯 – beoseot – Hongo.

딸기 – ttalgi – Fresa.

사과 – sagwa – Manzana.

포도 – podo – Uva.

배 – bae – Pera.

귤 – gyul – Mandarina.

Cultura coreana

Palabras relacionadas con la música, el cine y

el entretenimiento

음악 – eumak – Música.

노래 – norae – Canción.

가수 – gasu – Cantante.

악기 – akki – Instrumento musical.

피아노 – piano – Piano.

기타 – gita – Guitarra.

드럼 – deureom – Batería.

밴드 – baendeu – Banda.

뮤지컬 – myujikeol – Musical.

음반 – eumban – Álbum musical.

콘서트 – konseoteu – Concierto.

영화 – yeonghwa – Película.

배우 – baeu – Actor/Actriz.

감독 – gamdok – Director (de cine).

드라마 – deurama – Drama.

시리즈 – sirijeu – Serie.

예능 – yeneung – Entretenimiento (programas de variedad).

리얼리티 쇼 – rieolriti sho – Reality show.

상영 – sangyeong – Proyección (de película).

스크린 – seukeurin – Pantalla (de cine).

뮤직비디오 – myujikbidio – Video musical.

인터넷 방송 – inteonet bangsong – Transmisión en vivo por internet.

팬 – paen – Fan (de un artista).

스타 – seuta – Estrella (de la fama).

수상 – susang – Premio (en cine, música, etc.).

Términos culturales y tradicionales

한복 – hanbok – Traje tradicional coreano.

김치 – kimchi – Kimchi (plato tradicional de vegetales fermentados).

한식 – hansik – Comida coreana tradicional.

명절 – myeongjeol – Fiesta tradicional.

설날 – seollal – Año Nuevo Lunar coreano.

추석 – chuseok – Fiesta de la cosecha, similar a Acción de Gracias.

불고기 – bulgogi – Carne asada coreana (plato tradicional).

비빔밥 – bibimbap – Plato coreano con arroz, vegetales y carne.

떡 – tteok – Pastel de arroz coreano.

사찰 – sachal – Templo budista.

무궁화 – mugunghwa – Rosa de Sharon (flor nacional de Corea).

태극기 – taegukgi – Bandera nacional de Corea.

한자 – hanja – Caracteres chinos usados en coreano.

국악 – gugak – Música tradicional coreana.
대중문화 – daejung munhwa – Cultura popular.

사주 – saju – Astrología tradicional coreana (basada en el año, mes, día y hora de nacimiento).

찜질방 – jjimjilbang – Sauna tradicional coreana.

전통 – jeontong – Tradición.

우리나라 – urinaire – Nuestro país (forma común de referirse a Corea).

전통의상 – jeontong uisang – Vestimenta tradicional.

세배 – sebae – Saludo tradicional en el Año Nuevo Lunar.

시가 – siga – Poesía tradicional coreana.

무용 – muyong – Danza tradicional.

전통 차 – jeontong cha – Té tradicional coreano.

수묵화 – sumukhwa – Pintura tradicional coreana en tinta.

Fiestas y celebraciones.

설날 – Seollal – Año Nuevo Lunar Coreano.

- Es una de las festividades más importantes en Corea, donde las familias se reúnen, realizan rituales ancestrales y disfrutan de platos tradicionales como el tteokguk (sopa de pastel de arroz).

추석 – Chuseok – Fiesta de la Cosecha o Día de Acción de Gracias Coreano.

- Se celebra en el 15º día del 8º mes del calendario lunar, con rituales familiares, comida tradicional como el songpyeon (pasteles de arroz rellenos) y reuniones familiares.

크리스마스 – Keuriseumaseu – Navidad.

- Aunque no es una festividad religiosa

predominante, la Navidad es celebrada en Corea, especialmente en ciudades grandes, con decoraciones y compras.

한식의 날 – Hansik-ui nal – Día de la Comida Coreana.

- Es un día para promover y celebrar la comida tradicional coreana, generalmente celebrado en abril.

어린이날 – Eorini nal – Día del Niño.

- Se celebra el 5 de mayo, donde se honran a los niños con regalos y actividades especiales.

삼일절 – Samiljeol – Día de la Independencia de Corea.

- Celebrado el 1 de marzo, conmemorando la protesta contra el dominio japonés en 1919.

석가탄신일 – Seokgatanshinil – Día de Buda.

- Celebrado en abril o mayo, marca el nacimiento de Buda, y se celebra con rituales budistas y procesiones.

광복절 – Gwangbokjeol – Día de la Liberación de Corea.

- Celebrado el 15 de agosto, conmemorando la liberación de Corea del dominio japonés en 1945.

개천절 – Gaecheonjeol – Día de la Fundación de Corea.

- Celebrado el 3 de octubre, marca la fundación mítica de Corea por Dangun, según la leyenda.

빼빼로 데이 – Ppaeppae-ro dei – Día de Pepero.

- Celebrado el 11 de noviembre, donde las parejas y amigos se dan cajas de Pepero (galletas recubiertas de chocolate) como símbolo de cariño.

추운겨울을 지나면 봄이 온다 – Chuun gyeoureul jinamyeon bomi onda – Celebración de la llegada de la primavera.

- Tradicionalmente, el cambio de estación se celebra con rituales que invocan la renovación y la esperanza.

한가위 – Hangawi – Otro nombre para Chuseok.

- Se celebra la abundancia de la cosecha y el respeto a los antepasados.

여름휴가 – Yeoreum hyuga – Vacaciones de verano.

- Muchos coreanos disfrutan de estas vacaciones visitando destinos turísticos, como playas y montañas, para relajarse.

국군의 날 – Gukgun-ui nal – Día de las Fuerzas Armadas de Corea.

- Celebrado el 1 de octubre, honrando a los miembros de las fuerzas armadas y su contribución al país.

대보름 – Daeboreum – Festival del Primer Luna Llena.

- Celebrado el 15º día del primer mes lunar, con rituales para asegurar una cosecha abundante y buena salud durante el año.

Sentimientos y emociones

Palabras para expresar felicidad, tristeza, enojo, etc.

행복 – haengbok – Felicidad.

기쁨 – gippeum – Alegría.

즐겁다 – jeulgeopda – Estar contento/a, alegre.

웃다 – utda – Reír.

사랑하다 – salanghada – Amar.

좋다 – jota – Gustar, estar bien.

기분 좋다 – gibun jota – Sentirse bien, estar de buen ánimo.

슬픔 – seulpeum – Tristeza.

우울하다 – uulhada – Estar deprimido/a, melancólico/a.

눈물 – nunmul – Lágrima.

속상하다 – soksanghada – Estar triste o preocupado/a.

우울하다 – uulhada – Sentirse triste, estar decaído/a.

걱정하다 – geokjeonghada – Estar preocupado/a.

화나다 – hwanada – Enfadarse, enojarse.

화 – hwa – Ira, enojo.

불쾌하다 – bulkwaehada – Sentirse disgustado/a.

짜증나다 – jjajeungnada – Estar molesto/a, irritado/a.

짜증 – jjajeung – Irritación, molestia.

분노 – bunno – Furia, ira.

실망하다 – silmanghada – Estar decepcionado/a.

수치심 – suchisim – Vergüenza.

자랑스럽다 – jarangseureopda – Estar orgulloso/a.

사라지다 – sarajida – Desaparecer, perderse (en el sentido de perder la emoción).

불안하다 – buranhada – Estar ansioso/a, inquieto/a.

자신감 – jasin-gam – Confianza en uno mismo.

떨리다 – tteollida – Estar nervioso/a, temblar (por nervios).

기대하다 – gidaehada – Esperar, tener expectativas.

감사하다 – gamsahada – Estar agradecido/a.

흐뭇하다 – heumeuthada – Sentirse satisfecho/a o contento/a.

긴장하다 – ginjanghada – Estar tenso/a, nervioso/a.

Expresiones relacionadas con el estado de ánimo

기분이 좋다 – gibuni jota – Estar de buen ánimo.

기분이 나쁘다 – gibuni nappeuda – Estar de mal ánimo.

힘들다 – himdeulda – Estar cansado/a, fatigado/a.

편안하다 – pyeonanhada – Estar cómodo/a, relajado/a.

속이 시원하다 – sogi siwonhada – Sentirse aliviado/a.

무섭다 – museopda – Estar asustado/a.

긴장되다 – ginjangdoeda – Estar nervioso/a.

불안하다 – buranhada – Estar ansioso/a.

행복한 기분 – haengbokan gibun – Sentirse feliz.

심란하다 – simranhada – Estar agitado/a,

preocupado/a mentalmente.

잘 자고 있다 – jal jago itda – Estar durmiendo bien.

집에 가고 싶다 – jibe gago sipda – Tener ganas de ir a casa.

기분이 안 좋다 – gibuni an jota – No sentirse bien.

기분이 좋지 않다 – gibuni jochi anta – Estar de mal humor.

편안한 상태 – pyeonhan sangtae – Estado relajado/a.

마음이 놓이다 – maeumi nohida – Sentirse tranquilo/a, relajado/a después de una preocupación.

Verbos y adjetivos más comunes

하다 – hada – Hacer.

가다 – gada – Ir.

오다 – oda – Venir.

보다 – boda – Ver, mirar.

듣다 – deutda – Escuchar.

말하다 – malhada – Hablar.

알다 – alda – Saber, conocer.

모르다 – moreuda – No saber, no conocer.

먹다 – meokda – Comer.

마시다 – masida – Beber.

자다 – jada – Dormir.

일하다 – ilhada – Trabajar.

가르치다 – gareuchida – Enseñar.

배우다 – baeuda – Aprender.

만나다 – mannada – Encontrarse, conocer.

사다 – sada – Comprar.

팔다 – palda – Vender.

운전하다 – unjeonhada – Conducir.

사라지다 – sarajida – Desaparecer.

살다 – salda – Vivir.

좋아하다 – joahada – Gustar.

싫어하다 – silheohada – No gustar.

필요하다 – piryohada – Necesitar.

도와주다 – dowajuda – Ayudar.

기다리다 – gidarida – Esperar.

걷다 – geotda – Caminar.

달리다 – dallida – Correr.

열다 – yeolda – Abrir.

닫다 – datda – Cerrar.

앉다 – anda – Sentarse.

Adjetivos descriptivos para mejorar la comunicación en coreano

좋다 – jota – Bueno, agradable.

나쁘다 – nappeuda – Malo.

크다 – keuda – Grande.

작다 – jakda – Pequeño.

덥다 – deopda – Caliente.

춥다 – chupda – Frío.

빠르다 – ppareuda – Rápido.

느리다 – neurida – Lento.

높다 – nopda – Alto.

낮다 – natda – Bajo.

좋다 – jota – Bueno, agradable.

예쁘다 – yeppeuda – Bonito/a.

못생기다 – motsaenggida – Feo/a.

똑똑하다 – ttokttokhada – Inteligente.

어리다 – eorida – Joven.

늙다 – neulgda – Viejo/a.

길다 – gilda – Largo/a.

짧다 – jjalbda – Corto/a.

깨끗하다 – kkaekkeuthada – Limpio/a.

더럽다 – deoreopda – Sucio/a.

친절하다 – chinjeolhada – Amable.

무례하다 – muryehada – Grosero/a.

건강하다 – geonganghada – Saludable.

아프다 – apeuda – Doloroso/a, estar enfermo/a.

행복하다 – haengbokhada – Feliz.

슬프다 – seulpeuda – Triste.

피곤하다 – pigonha – Cansado/a.

편안하다 – pyeonanhada – Cómodo/a, relajado/a.

강하다 – ganghada – Fuerte.

약하다 – yakhada – Débil.

Tecnología y comunicación

Palabras relacionadas con dispositivos tecnológicos

컴퓨터 – keompyuteo – Computadora.

노트북 – noteubuk – Laptop.

휴대폰 – hyudaepon – Teléfono móvil.

스마트폰 – seumateupon – Smartphone.

인터넷 – inteonet – Internet.

와이파이 – waipai – Wi-Fi.

애플리케이션 – aepeullikeisyeon – Aplicación (app).

소셜 미디어 – so-syeol midieo – Redes sociales.

화면 – hwamyeon – Pantalla.

키보드 – kibodeu – Teclado.

마우스 – mauseu – Ratón (mouse).

충전기 – chungjeongi – Cargador.

배터리 – baeteori – Batería.

헤드폰 – hedeupon – Auriculares.

프린터 – peurinteo – Impresora.

파일 – pail – Archivo.

소프트웨어 – sopeuteuweeo – Software.

하드웨어 – hadeuweeo – Hardware.

클라우드 – keullaudeu – Nube (cloud).
USB – yuseubi – USB.

Frases para redes sociales y comunicación en línea

친구 요청을 보냈어요. – Chingu yocheongeul bonaesseoyo.

- Envié una solicitud de amistad.

메시지를 보낼게요. – Mesijireul bonaelgeyo.

- Te enviaré un mensaje.

댓글을 달았어요. – Daekkeureul darasseoyo.

- Dejé un comentario.

사진을 업로드했어요. – Sajineul eobrodeuhaesseoyo.

- Subí una foto.

좋아요를 눌렀어요. – Joahyo-reul nulleosseoyo.

- Le di "me gusta".

프로필을 업데이트했어요. – Peuropireul eobdeiteuhaesseoyo.

- Actualicé mi perfil.

계정을 삭제했어요. - Gyejeongeul sakjehaesseoyo.

- Eliminé mi cuenta.

댓글에 답글을 달았어요. -Daekkeure dapgeureul darasseoyo.

- Respondí a un comentario.

라이브 방송을 시작했어요. - Raibeu bangsongeul sijakhaesseoyo.

- Comencé una transmisión en vivo.

채팅으로 이야기할까요? - Chaeting-euro iyagihalkkayo?

- ¿Hablamos por chat?

화상 통화를 할 수 있어요? - Hwasang tonghwareul hal su isseoyo?

- ¿Podemos hacer una videollamada?

내가 좋아하는 게시물을 공유했어요. - Naega joahaneun gesimureul gongyuhaesseoyo.

- Compartí una publicación que me gusta.

비밀번호를 잊어버렸어요. – Bimilbeonhoreul ijeobeoryeosseoyo.

- Olvidé mi contraseña.

계정을 로그인했어요. – Gyejeongeul rogeuinhaesseoyo.

- Inicié sesión en mi cuenta.

다음 주에 새로운 앱을 다운로드할 거예요. – Daeum jue saeroun aepeul daunrodeuhaeul geoyeyo.

- La próxima semana descargaré una nueva aplicación.

Deportes y actividades de ocio

Nombres de deportes comunes

축구 – chukgu – Fútbol.

야구 – yagu – Béisbol.

농구 – nonggu – Baloncesto.

배구 - baegu - Voleibol.

탁구 - takgu - Tenis de mesa (ping pong).

테니스 - teniseu - Tenis.

수영 - suyeong - Natación.

골프 - golpeu - Golf.

복싱 - bokssing - Boxeo.

유도 - yudo - Judo.

태권도 - taekwondo - Taekwondo.

스키 - seuki - Esquí.

스노우보드 - seunou-bodeu - Snowboard.

사이클링 - saikeulling - Ciclismo.

마라톤 - maraton - Maratón.

배드민턴 - baedeuminteon - Bádminton.

럭비 - reokbi - Rugby.

하키 – haki – Hockey.

체조 – chejo – Gimnasia.

승마 – seungma – Equitación.

Equipos deportivos

공 – gong – Pelota.

라켓 – raket – Raqueta.

골대 – goldae – Portería.

유니폼 – yunipom – Uniforme.

신발 – sinbal – Zapatillas deportivas.

헬멧 – helmet – Casco.

장갑 – janggap – Guantes.

자전거 – jajeongeo – Bicicleta.

스케이트 – seukeiteu – Patines.

보드 – bodeu – Tabla (surf, snowboard, etc.).

Palabras para actividades de tiempo libre

독서 – dokseo – Leer.

춤 – chum – Bailar.

노래 – norae – Cantar.

그림 그리기 – geurim geurigi – Dibujar.

게임 – geim – Jugar videojuegos.

사진 찍기 – sajin jjikgi – Tomar fotos.

영화 보기 – yeonghwa bogi – Ver películas.

쇼핑 – syoping – Ir de compras.

요리 – yori – Cocinar.

등산 – deungsan – Escalar montañas.

낚시 – nakssi – Pescar.

캠핑 – kaemping – Acampar.

산책 – sanchaek – Pasear.

운동 – undong – Hacer ejercicio.

여행 – yeohaeng – Viajar.

정원 가꾸기 – jeongwon gakkugi – Jardinería.

퍼즐 맞추기 – peojeul matchugi – Armar rompecabezas.

악기 연주 – akgi yeonju – Tocar un instrumento musical.

뜨개질 – tteugaejil – Tejer.

보드게임 – bodeu-geim – Jugar juegos de mesa.

Emergencias y seguridad

Frases para situaciones de emergencia

도와주세요!
Dowajuseyo!

- ¡Ayuda!

응급 상황이에요.
Eunggeup sanghwang-ieyo.

- Es una emergencia.

경찰을 불러주세요.
Gyeongchareul bulleojuseyo.

- Llame a la policía.

구급차를 불러주세요.
Gugeupchareul bulleojuseyo.

- Llame a una ambulancia.

병원에 가야 해요.
Byeongwon-e gaya haeyo.

- Necesito ir al hospital.

여기서 위험해요!
Yeogiseo wiheomhaeyo!

- ¡Es peligroso aquí!

불이 났어요!
Buri natseoyo!

- ¡Hay un incendio!

도난당했어요.
Donandanghaesseoyo.

- Me han robado.

길을 잃었어요.
Gireul ilheosseoyo.

- Me perdí.

여권을 잃어버렸어요.
Yeogwoneul ilheobeoryeosseoyo.

- Perdí mi pasaporte.

내 물건을 도둑맞았어요.
Nae mulgeoneul dodukmajasseoyo.

- Me han robado mis pertenencias.

누군가 다쳤어요.
Nugunga dachyeosseoyo.

- Alguien está herido.

응급처치를 해 주세요.
Eunggeupcheocheoreul hae juseyo.

- Por favor, den primeros auxilios.

도와줄 사람이 있나요?
Dowajul sarami innayo?

- ¿Hay alguien que pueda ayudar?

약국이 어디에 있어요?
Yakgugi eodie isseoyo?

- ¿Dónde está la farmacia?

Palabras relacionadas con señales y precauciones

경고 – gyeonggo – Advertencia.

주의 – juui – Precaución.

비상구 – bisanggu – Salida de emergencia.

화재 – hwajae – Incendio.

구급차 – gugeupcha – Ambulancia.

소방서 – sobangseo – Estación de bomberos.

경찰서 – gyeongchalseo – Comisaría de policía.

응급실 – eunggeupsil – Sala de emergencias.

안전벨트 – anjeonbelteu – Cinturón de seguridad.

구명조끼 – gumyeongjokki – Chaleco salvavidas.

금연 – geumyeon – Prohibido fumar.

출입 금지 – churip geumji – Prohibido el paso.

위험 – wiheom – Peligro.

속도 제한 – sokdo jehan – Límite de velocidad.

소화기 – sohwagi – Extintor.

구조대 – gujodae – Equipo de rescate.

안전모 – anjeonmo – Casco de seguridad.

표지판 – pyojipan – Señalización.

피난처 – pinancheo – Refugio.

사고 – sago – Accidente.

Animales y naturaleza urbana

Nombres de animales domésticos

개 – gae – Perro.

고양이 – goyangi – Gato.

토끼 – tokki – Conejo.

물고기 – mulgogi – Pez.

새 – sae – Pájaro.

거북이 – geobugi – Tortuga.

햄스터 – haemseuteo – Hámster.

말 – mal – Caballo.

앵무새 – aengmusae – Loro.

기니피그 – ginipigeu – Cobaya (cuyo).

Fauna urbana

비둘기 – bidulgi – Paloma.

까마귀 – kkamagwi – Cuervo.

쥐 – jwi – Rata/ratón.

박쥐 – bakjwi – Murciélago.

다람쥐 – daramjwi – Ardilla.

고슴도치 – goseumdochi – Erizo.

벌 – beol – Abeja.

나비 – nabi – Mariposa.

강아지풀 – gangajipul – Hierba de cola de zorro (común en áreas urbanas).

개구리 – gaeguri – Rana.

Espacios verdes

공원 – gongwon – Parque.

정원 – jeongwon – Jardín.

산책로 – sanchaekno – Sendero para caminar.

나무 – namu – Árbol.

풀 – pul – Césped/hierba.

꽃 – kkot – Flor.

분수 – bunsu – Fuente (de agua).

벤치 – benchi – Banco (asiento).

호수 – hosu – Lago.

숲 – sup – Bosque.

Conclusión

A lo largo de este libro, hemos explorado las 5000 palabras más usadas en coreano, organizadas en categorías diseñadas para facilitar tu aprendizaje y ayudarte a construir una base sólida en el idioma. Desde saludos básicos hasta términos especializados relacionados con tecnología, cultura y emergencias, este vocabulario te ofrece las herramientas esenciales para desenvolverte en diversas situaciones cotidianas y contextos más específicos.

El aprendizaje de un idioma no solo consiste en memorizar palabras, sino en integrarlas de manera práctica en tu vida diaria. Utiliza estas palabras para formar frases, practicar la escritura y enriquecer tus conversaciones. Recuerda que el coreano es un idioma profundamente ligado a su cultura, y al comprender el lenguaje, también abres una ventana al mundo fascinante de Corea del Sur, su historia, costumbres y tradiciones.

Este libro es solo el comienzo de tu viaje. La clave del éxito está en la práctica constante y la inmersión en el idioma. Ve a tu ritmo, revisa las palabras con frecuencia y busca oportunidades para aplicarlas en conversaciones reales, ya sea con hablantes nativos, amigos que compartan tu interés o a través de recursos en línea como foros, videos y aplicaciones interactivas.

Tambien te recuerdo que este libro es solo un recurso para aprender el idioma Coreano, busca apoyo de una escuela o de nativos que hablen coreano fluido.

Por último, recuerda que aprender un idioma es una puerta a nuevas conexiones, experiencias y oportunidades. Con estas 5000 palabras en tu arsenal, estás más cerca de alcanzar fluidez y comunicarte con confianza en coreano. ¡Sigue practicando, mantén la motivación alta y disfruta del proceso!

감사합니다 (Gamsahamnida)

¡Gracias!

www.ingramcontent.com/pod-product-compliance
Lightning Source LLC
Chambersburg PA
CBHW050916160426
43194CB00011B/2434